Welcome Baby

Guest

Address _____

My Predictions

Date of Birth _____   Time of Birth _____

Weight _____ Lbs _____ Oz   Length _____ Inches

Eye Color _____   Hair Color _____

Resemblance   Mommy or Daddy

Name Suggestion _____

Advice for Parents

_____

_____

Wishes for Baby

_____

_____

Guest

Address _____

My Predictions

Date of Birth _____   Time of Birth _____

Weight _____ Lbs _____ Oz   Length _____ Inches

Eye Color _____   Hair Color _____

Resemblance   Mommy   or   Daddy

Name Suggestion _____

Advice for Parents

_____

_____

Wishes for Baby

_____

_____

Guest

Address _____

My Predictions

Date of Birth _____   Time of Birth _____

Weight _____ Lbs _____ Oz   Length _____ Inches

Eye Color _____   Hair Color _____

Resemblance   Mommy   or   Daddy

Name Suggestion _____

Advice for Parents

_____

_____

Wishes for Baby

_____

_____

Guest

Address _____

My Predictions

Date of Birth _____   Time of Birth _____

Weight _____ Lbs _____ Oz   Length _____ Inches

Eye Color _____   Hair Color _____

Resemblance   Mommy or Daddy

Name Suggestion _____

Advice for Parents

_____

_____

Wishes for Baby

_____

_____

Guest

Address _____

My Predictions

Date of Birth _____ Time of Birth _____

Weight _____ Lbs _____ Oz Length _____ Inches

Eye Color _____ Hair Color _____

Resemblance Mommy or Daddy

Name Suggestion _____

Advice for Parents

_____

_____

Wishes for Baby

_____

_____

Guest

Address _____

My Predictions

Date of Birth _____   Time of Birth _____

Weight _____ Lbs _____ Oz   Length _____ Inches

Eye Color _____   Hair Color _____

Resemblance   Mommy   or   Daddy

Name Suggestion _____

Advice for Parents

_____

_____

Wishes for Baby

_____

_____

Guest

Address _____

My Predictions

Date of Birth _____   Time of Birth _____

Weight _____ Lbs _____ Oz   Length _____ Inches

Eye Color _____   Hair Color _____

Resemblance   Mommy or Daddy

Name Suggestion _____

Advice for Parents

_____

_____

Wishes for Baby

_____

_____

Guest

Address _____

My Predictions

Date of Birth _____   Time of Birth _____

Weight _____ Lbs _____ Oz   Length _____ Inches

Eye Color _____   Hair Color _____

Resemblance   Mommy   or   Daddy

Name Suggestion _____

Advice for Parents

_____

_____

Wishes for Baby

_____

_____

Guest

Address _____

My Predictions

Date of Birth _____   Time of Birth _____

Weight _____ Lbs _____ Oz   Length _____ Inches

Eye Color _____   Hair Color _____

Resemblance   Mommy   or   Daddy

Name Suggestion _____

Advice for Parents

_____

_____

Wishes for Baby

_____

_____

Guest

Address _____

My Predictions

Date of Birth _____   Time of Birth _____

Weight _____ Lbs _____ Oz   Length _____ Inches

Eye Color _____   Hair Color _____

Resemblance   Mommy   or   Daddy

Name Suggestion _____

Advice for Parents

_____

_____

Wishes for Baby

_____

_____

Guest

Address _____

My Predictions

Date of Birth _____   Time of Birth _____

Weight _____ Lbs _____ Oz   Length _____ Inches

Eye Color _____   Hair Color _____

Resemblance   Mommy   or   Daddy

Name Suggestion _____

Advice for Parents

_____

_____

Wishes for Baby

_____

_____

Guest

Address _____

My Predictions

Date of Birth _____   Time of Birth _____

Weight _____ Lbs _____ Oz   Length _____ Inches

Eye Color _____   Hair Color _____

Resemblance   Mommy   or   Daddy

Name Suggestion _____

Advice for Parents

_____

_____

Wishes for Baby

_____

_____

Guest

Address _____

My Predictions

Date of Birth _____   Time of Birth _____

Weight _____ Lbs _____ Oz   Length _____ Inches

Eye Color _____   Hair Color _____

Resemblance   Mommy or Daddy

Name Suggestion _____

Advice for Parents

_____

_____

Wishes for Baby

_____

_____

Guest

Address _____

My Predictions

Date of Birth _____   Time of Birth _____

Weight _____ Lbs _____ Oz   Length _____ Inches

Eye Color _____   Hair Color _____

Resemblance   Mommy   or   Daddy

Name Suggestion _____

Advice for Parents

_____

_____

Wishes for Baby

_____

_____

Guest

_____

Address _____

My Predictions

Date of Birth _____   Time of Birth _____

Weight _____ Lbs _____ Oz   Length _____ Inches

Eye Color _____   Hair Color _____

Resemblance   Mommy   or   Daddy

Name Suggestion _____

Advice for Parents

_____

_____

Wishes for Baby

_____

_____

Guest

Address _____

My Predictions

Date of Birth _____   Time of Birth _____

Weight _____ Lbs _____ Oz   Length _____ Inches

Eye Color _____   Hair Color _____

Resemblance   Mommy or Daddy

Name Suggestion _____

Advice for Parents

_____

_____

Wishes for Baby

_____

_____

Guest

Address _____

My Predictions

Date of Birth _____   Time of Birth _____

Weight _____ Lbs _____ Oz   Length _____ Inches

Eye Color _____   Hair Color _____

Resemblance   Mommy   or   Daddy

Name Suggestion _____

Advice for Parents

_____

_____

Wishes for Baby

_____

_____

Guest

Address _____

My Predictions

Date of Birth _____   Time of Birth _____

Weight _____ Lbs _____ Oz   Length _____ Inches

Eye Color _____   Hair Color _____

Resemblance   Mommy or Daddy

Name Suggestion _____

Advice for Parents

_____

_____

Wishes for Baby

_____

_____

Guest

Address _____

My Predictions

Date of Birth _____   Time of Birth _____

Weight _____ Lbs _____ Oz   Length _____ Inches

Eye Color _____   Hair Color _____

Resemblance   Mommy   or   Daddy

Name Suggestion _____

Advice for Parents

_____

_____

Wishes for Baby

_____

_____

Guest

Address _____

My Predictions

Date of Birth _____   Time of Birth _____

Weight _____ Lbs _____ Oz   Length _____ Inches

Eye Color _____   Hair Color _____

Resemblance   Mommy   or   Daddy

Name Suggestion _____

Advice for Parents

_____

_____

Wishes for Baby

_____

_____

Guest

Address _____

My Predictions

Date of Birth _____   Time of Birth _____

Weight _____ Lbs _____ Oz   Length _____ Inches

Eye Color _____   Hair Color _____

Resemblance   Mommy   or   Daddy

Name Suggestion _____

Advice for Parents

_____

_____

Wishes for Baby

_____

_____

Guest

Address _____

My Predictions

Date of Birth _____   Time of Birth _____

Weight _____ Lbs _____ Oz   Length _____ Inches

Eye Color _____   Hair Color _____

Resemblance   Mommy   or   Daddy

Name Suggestion _____

Advice for Parents

_____

_____

Wishes for Baby

_____

_____

Guest

Address _____

My Predictions

Date of Birth _____   Time of Birth _____

Weight _____ Lbs _____ Oz   Length _____ Inches

Eye Color _____   Hair Color _____

Resemblance   Mommy or Daddy

Name Suggestion _____

Advice for Parents

_____

_____

Wishes for Baby

_____

_____

Guest

Address _____

My Predictions

Date of Birth _____   Time of Birth _____

Weight _____ Lbs _____ Oz   Length _____ Inches

Eye Color _____   Hair Color _____

Resemblance   Mommy or Daddy

Name Suggestion _____

Advice for Parents

_____

_____

Wishes for Baby

_____

_____

Guest

Address _____

My Predictions

Date of Birth _____ Time of Birth _____

Weight _____ Lbs _____ Oz Length _____ Inches

Eye Color _____ Hair Color _____

Resemblance Mommy or Daddy

Name Suggestion _____

Advice for Parents

_____

_____

Wishes for Baby

_____

_____

Guest

Address _____

My Predictions

Date of Birth _____   Time of Birth _____

Weight _____ Lbs _____ Oz   Length _____ Inches

Eye Color _____   Hair Color _____

Resemblance   Mommy   or   Daddy

Name Suggestion _____

Advice for Parents

_____

_____

Wishes for Baby

_____

_____

Guest

Address _____

My Predictions

Date of Birth _____   Time of Birth _____

Weight _____ Lbs _____ Oz   Length _____ Inches

Eye Color _____   Hair Color _____

Resemblance   Mommy   or   Daddy

Name Suggestion _____

Advice for Parents

_____

_____

Wishes for Baby

_____

_____

Guest

Address _____

My Predictions

Date of Birth _____   Time of Birth _____

Weight ____ Lbs ____ Oz   Length _____ Inches

Eye Color _____   Hair Color _____

Resemblance   Mommy or Daddy

Name Suggestion _____

Advice for Parents

_____

_____

Wishes for Baby

_____

_____

Guest

Address _____

My Predictions

Date of Birth _____   Time of Birth _____

Weight _____ Lbs _____ Oz   Length _____ Inches

Eye Color _____   Hair Color _____

Resemblance   Mommy   or   Daddy

Name Suggestion _____

Advice for Parents

_____

_____

Wishes for Baby

_____

_____

Guest

Address _____

My Predictions

Date of Birth _____ Time of Birth _____

Weight _____ Lbs _____ Oz Length _____ Inches

Eye Color _____ Hair Color _____

Resemblance   Mommy or Daddy

Name Suggestion _____

Advice for Parents

_____

_____

Wishes for Baby

_____

_____

Guest

_____

Address _____

My Predictions

Date of Birth _____   Time of Birth _____

Weight _____ Lbs _____ Oz   Length _____ Inches

Eye Color _____   Hair Color _____

Resemblance   Mommy   or   Daddy

Name Suggestion _____

Advice for Parents

_____

_____

Wishes for Baby

_____

_____

Guest

Address _____

My Predictions

Date of Birth _____   Time of Birth _____

Weight _____ Lbs _____ Oz   Length _____ Inches

Eye Color _____   Hair Color _____

Resemblance   Mommy or Daddy

Name Suggestion _____

Advice for Parents

_____

_____

Wishes for Baby

_____

_____

Guest

Address _____

My Predictions

Date of Birth _____   Time of Birth _____

Weight _____ Lbs _____ Oz   Length _____ Inches

Eye Color _____   Hair Color _____

Resemblance   Mommy   or   Daddy

Name Suggestion _____

Advice for Parents

_____

_____

Wishes for Baby

_____

_____

Guest

Address _____

My Predictions

Date of Birth _____   Time of Birth _____

Weight _____ Lbs _____ Oz   Length _____ Inches

Eye Color _____   Hair Color _____

Resemblance   Mommy or Daddy

Name Suggestion _____

Advice for Parents

_____

_____

Wishes for Baby

_____

_____

Guest

Address _____

My Predictions

Date of Birth _____   Time of Birth _____

Weight _____ Lbs _____ Oz   Length _____ Inches

Eye Color _____   Hair Color _____

Resemblance   Mommy   or   Daddy

Name Suggestion _____

Advice for Parents

_____

_____

Wishes for Baby

_____

_____

Guest

Address _____

My Predictions

Date of Birth _____ Time of Birth _____

Weight _____ Lbs _____ Oz Length _____ Inches

Eye Color _____ Hair Color _____

Resemblance   Mommy   or   Daddy

Name Suggestion _____

Advice for Parents

_____

_____

Wishes for Baby

_____

_____

Guest

Address _____

My Predictions

Date of Birth _____   Time of Birth _____

Weight _____ Lbs _____ Oz   Length _____ Inches

Eye Color _____   Hair Color _____

Resemblance   Mommy   or   Daddy

Name Suggestion _____

Advice for Parents

_____

_____

Wishes for Baby

_____

_____

Guest

Address _____

My Predictions

Date of Birth _____ Time of Birth _____

Weight _____ Lbs _____ Oz Length _____ Inches

Eye Color _____ Hair Color _____

Resemblance   Mommy or Daddy

Name Suggestion _____

Advice for Parents

_____

_____

Wishes for Baby

_____

_____

Guest

Address _____

My Predictions

Date of Birth _____ Time of Birth _____

Weight _____ Lbs _____ Oz Length _____ Inches

Eye Color _____ Hair Color _____

Resemblance Mommy or Daddy

Name Suggestion _____

Advice for Parents

_____

_____

Wishes for Baby

_____

_____

Guest

Address _____

My Predictions

Date of Birth _____ Time of Birth _____

Weight _____ Lbs _____ Oz Length _____ Inches

Eye Color _____ Hair Color _____

Resemblance Mommy or Daddy

Name Suggestion _____

Advice for Parents

_____

_____

Wishes for Baby

_____

_____

Guest

Address _____

My Predictions

Date of Birth _____   Time of Birth _____

Weight _____ Lbs _____ Oz   Length _____ Inches

Eye Color _____   Hair Color _____

Resemblance   Mommy   or   Daddy

Name Suggestion _____

Advice for Parents

_____

_____

Wishes for Baby

_____

_____

Guest

Address _____

My Predictions

Date of Birth _____ Time of Birth _____

Weight _____ Lbs _____ Oz Length _____ Inches

Eye Color _____ Hair Color _____

Resemblance   Mommy   or   Daddy

Name Suggestion _____

Advice for Parents

_____

_____

Wishes for Baby

_____

_____

Guest

Address _____

My Predictions

Date of Birth _____   Time of Birth _____

Weight _____ Lbs _____ Oz   Length _____ Inches

Eye Color _____   Hair Color _____

Resemblance   Mommy   or   Daddy

Name Suggestion _____

Advice for Parents

_____

_____

Wishes for Baby

_____

_____

Guest

Address _____

My Predictions

Date of Birth _____ Time of Birth _____

Weight _____ Lbs _____ Oz Length _____ Inches

Eye Color _____ Hair Color _____

Resemblance Mommy or Daddy

Name Suggestion _____

Advice for Parents

_____

_____

Wishes for Baby

_____

_____

Guest

Address _____

My Predictions

Date of Birth _____   Time of Birth _____

Weight _____ Lbs _____ Oz   Length _____ Inches

Eye Color _____   Hair Color _____

Resemblance   Mommy   or   Daddy

Name Suggestion _____

Advice for Parents

_____

_____

Wishes for Baby

_____

_____

Guest

Address _____

My Predictions

Date of Birth _____ Time of Birth _____

Weight _____ Lbs _____ Oz Length _____ Inches

Eye Color _____ Hair Color _____

Resemblance   Mommy   or   Daddy

Name Suggestion _____

Advice for Parents

_____

_____

Wishes for Baby

_____

_____

Guest

Address _____

My Predictions

Date of Birth _____ Time of Birth _____

Weight _____ Lbs _____ Oz Length _____ Inches

Eye Color _____ Hair Color _____

Resemblance Mommy or Daddy

Name Suggestion _____

Advice for Parents

_____

_____

Wishes for Baby

_____

_____

Guest

Address _____

My Predictions

Date of Birth _____   Time of Birth _____

Weight _____ Lbs _____ Oz   Length _____ Inches

Eye Color _____   Hair Color _____

Resemblance   Mommy or Daddy

Name Suggestion _____

Advice for Parents

_____

_____

Wishes for Baby

_____

_____

Guest

Address _____

My Predictions

Date of Birth _____ Time of Birth _____

Weight _____ Lbs _____ Oz Length _____ Inches

Eye Color _____ Hair Color _____

Resemblance   Mommy or Daddy

Name Suggestion _____

Advice for Parents

_____

_____

Wishes for Baby

_____

_____

Guest

Address _____

My Predictions

Date of Birth _____ Time of Birth _____

Weight _____ Lbs _____ Oz Length _____ Inches

Eye Color _____ Hair Color _____

Resemblance   Mommy or Daddy

Name Suggestion _____

Advice for Parents

_____

_____

Wishes for Baby

_____

_____

Guest

Address _____

My Predictions

Date of Birth _____   Time of Birth _____

Weight _____ Lbs _____ Oz   Length _____ Inches

Eye Color _____   Hair Color _____

Resemblance   Mommy   or   Daddy

Name Suggestion _____

Advice for Parents

_____

_____

Wishes for Baby

_____

_____

Guest

Address _____

My Predictions

Date of Birth _____ Time of Birth _____

Weight _____ Lbs _____ Oz   Length _____ Inches

Eye Color _____ Hair Color _____

Resemblance   Mommy or Daddy

Name Suggestion _____

Advice for Parents

_____

_____

Wishes for Baby

_____

_____

Guest

Address _____

My Predictions

Date of Birth _____ Time of Birth _____

Weight _____ Lbs _____ Oz Length _____ Inches

Eye Color _____ Hair Color _____

Resemblance   Mommy or Daddy

Name Suggestion _____

Advice for Parents

_____

_____

Wishes for Baby

_____

_____

Guest

Address _____

My Predictions

Date of Birth _____   Time of Birth _____

Weight _____ Lbs _____ Oz   Length _____ Inches

Eye Color _____   Hair Color _____

Resemblance   Mommy   or   Daddy

Name Suggestion _____

Advice for Parents

_____

_____

Wishes for Baby

_____

_____

Guest

_____

Address _____

My Predictions

Date of Birth _____   Time of Birth _____

Weight _____ Lbs _____ Oz   Length _____ Inches

Eye Color _____   Hair Color _____

Resemblance   Mommy   or   Daddy

Name Suggestion _____

Advice for Parents

_____

_____

Wishes for Baby

_____

_____

Guest

Address _____

My Predictions

Date of Birth _____   Time of Birth _____

Weight _____ Lbs _____ Oz   Length _____ Inches

Eye Color _____   Hair Color _____

Resemblance   Mommy   or   Daddy

Name Suggestion _____

Advice for Parents

_____

_____

Wishes for Baby

_____

_____

Guest

Address _____

My Predictions

Date of Birth _____   Time of Birth _____

Weight _____ Lbs _____ Oz   Length _____ Inches

Eye Color _____   Hair Color _____

Resemblance   Mommy or Daddy

Name Suggestion _____

Advice for Parents

_____

_____

Wishes for Baby

_____

_____

Guest

Address _____

My Predictions

Date of Birth _____   Time of Birth _____

Weight _____ Lbs _____ Oz   Length _____ Inches

Eye Color _____   Hair Color _____

Resemblance   Mommy   or   Daddy

Name Suggestion _____

Advice for Parents

_____

_____

Wishes for Baby

_____

_____

Guest

Address _____

My Predictions

Date of Birth _____   Time of Birth _____

Weight _____ Lbs _____ Oz   Length _____ Inches

Eye Color _____   Hair Color _____

Resemblance   Mommy   or   Daddy

Name Suggestion _____

Advice for Parents

_____

_____

Wishes for Baby

_____

_____

Guest

Address _____

My Predictions

Date of Birth _____ Time of Birth _____

Weight _____ Lbs _____ Oz Length _____ Inches

Eye Color _____ Hair Color _____

Resemblance   Mommy or Daddy

Name Suggestion _____

Advice for Parents

_____

_____

Wishes for Baby

_____

_____

Guest

Address _____

My Predictions

Date of Birth _____ Time of Birth _____

Weight _____ Lbs _____ Oz Length _____ Inches

Eye Color _____ Hair Color _____

Resemblance   Mommy   or   Daddy

Name Suggestion _____

Advice for Parents

_____

_____

Wishes for Baby

_____

_____

Guest

Address _____

My Predictions

Date of Birth _____   Time of Birth _____

Weight _____ Lbs _____ Oz   Length _____ Inches

Eye Color _____   Hair Color _____

Resemblance   Mommy or Daddy

Name Suggestion _____

Advice for Parents

_____

_____

Wishes for Baby

_____

_____

Guest

Address _____

My Predictions

Date of Birth _____   Time of Birth _____

Weight _____ Lbs _____ Oz   Length _____ Inches

Eye Color _____   Hair Color _____

Resemblance   Mommy or Daddy

Name Suggestion _____

Advice for Parents

_____

_____

Wishes for Baby

_____

_____

Guest

Address _____

My Predictions

Date of Birth _____   Time of Birth _____

Weight _____ Lbs _____ Oz   Length _____ Inches

Eye Color _____   Hair Color _____

Resemblance   Mommy   or   Daddy

Name Suggestion _____

Advice for Parents

_____

_____

Wishes for Baby

_____

_____

Guest

Address _____

My Predictions

Date of Birth _____   Time of Birth _____

Weight _____ Lbs _____ Oz   Length _____ Inches

Eye Color _____   Hair Color _____

Resemblance Mommy or Daddy

Name Suggestion _____

Advice for Parents

_____

_____

Wishes for Baby

_____

_____

Guest

Address _____

My Predictions

Date of Birth _____ Time of Birth _____

Weight _____ Lbs _____ Oz Length _____ Inches

Eye Color _____ Hair Color _____

Resemblance   Mommy or Daddy

Name Suggestion _____

Advice for Parents

_____

_____

Wishes for Baby

_____

_____

Guest

Address _____

My Predictions

Date of Birth _____   Time of Birth _____

Weight _____ Lbs _____ Oz   Length _____ Inches

Eye Color _____   Hair Color _____

Resemblance   Mommy   or   Daddy

Name Suggestion _____

Advice for Parents

_____

_____

Wishes for Baby

_____

_____

Guest

Address _____

My Predictions

Date of Birth _____   Time of Birth _____

Weight _____ Lbs _____ Oz   Length _____ Inches

Eye Color _____   Hair Color _____

Resemblance   Mommy   or   Daddy

Name Suggestion _____

Advice for Parents

_____

_____

Wishes for Baby

_____

_____

Guest

_____

Address _____

My Predictions

Date of Birth _____   Time of Birth _____

Weight _____ Lbs _____ Oz   Length _____ Inches

Eye Color _____   Hair Color _____

Resemblance   Mommy   or   Daddy

Name Suggestion _____

Advice for Parents

_____

_____

Wishes for Baby

_____

_____

Guest

Address _____

My Predictions

Date of Birth _____   Time of Birth _____

Weight _____ Lbs _____ Oz   Length _____ Inches

Eye Color _____   Hair Color _____

Resemblance   Mommy or Daddy

Name Suggestion _____

Advice for Parents

_____

_____

Wishes for Baby

_____

_____

Guest

Address _____

My Predictions

Date of Birth _____ Time of Birth _____

Weight _____ Lbs _____ Oz Length _____ Inches

Eye Color _____ Hair Color _____

Resemblance   Mommy or Daddy

Name Suggestion _____

Advice for Parents

_____

_____

Wishes for Baby

_____

_____

Guest

Address _____

My Predictions

Date of Birth _____ Time of Birth _____

Weight _____ Lbs _____ Oz Length _____ Inches

Eye Color _____ Hair Color _____

Resemblance Mommy or Daddy

Name Suggestion _____

Advice for Parents

_____

_____

Wishes for Baby

_____

_____

Guest

Address _____

My Predictions

Date of Birth _____   Time of Birth _____

Weight _____ Lbs _____ Oz   Length _____ Inches

Eye Color _____   Hair Color _____

Resemblance   Mommy   or   Daddy

Name Suggestion _____

Advice for Parents

_____

_____

Wishes for Baby

_____

_____

Guest

Address _____

My Predictions

Date of Birth _____ Time of Birth _____

Weight _____ Lbs _____ Oz Length _____ Inches

Eye Color _____ Hair Color _____

Resemblance   Mommy   or   Daddy

Name Suggestion _____

Advice for Parents

_____

_____

Wishes for Baby

_____

_____

Guest

Address _____

My Predictions

Date of Birth _____ Time of Birth _____

Weight _____ Lbs _____ Oz   Length _____ Inches

Eye Color _____ Hair Color _____

Resemblance   Mommy   or   Daddy

Name Suggestion _____

Advice for Parents

_____

_____

Wishes for Baby

_____

_____

Guest

Address _____

My Predictions

Date of Birth _____   Time of Birth _____

Weight _____ Lbs _____ Oz   Length _____ Inches

Eye Color _____   Hair Color _____

Resemblance   Mommy or Daddy

Name Suggestion _____

Advice for Parents

_____

_____

Wishes for Baby

_____

_____

Guest

Address _____

My Predictions

Date of Birth _____   Time of Birth _____

Weight _____ Lbs _____ Oz   Length _____ Inches

Eye Color _____   Hair Color _____

Resemblance   Mommy   or   Daddy

Name Suggestion _____

Advice for Parents

_____

_____

Wishes for Baby

_____

_____

Guest

Address _____

My Predictions

Date of Birth _____   Time of Birth _____

Weight _____ Lbs _____ Oz   Length _____ Inches

Eye Color _____   Hair Color _____

Resemblance   Mommy or Daddy

Name Suggestion _____

Advice for Parents

_____

_____

Wishes for Baby

_____

_____

Guest

Address _____

My Predictions

Date of Birth _____   Time of Birth _____

Weight _____ Lbs _____ Oz   Length _____ Inches

Eye Color _____   Hair Color _____

Resemblance   Mommy or Daddy

Name Suggestion _____

Advice for Parents

_____

_____

Wishes for Baby

_____

_____

Guest

Address _____

My Predictions

Date of Birth _____ Time of Birth _____

Weight _____ Lbs _____ Oz Length _____ Inches

Eye Color _____ Hair Color _____

Resemblance Mommy or Daddy

Name Suggestion _____

Advice for Parents

_____

_____

Wishes for Baby

_____

_____

Guest

Address _____

My Predictions

Date of Birth _____   Time of Birth _____

Weight _____ Lbs _____ Oz   Length _____ Inches

Eye Color _____   Hair Color _____

Resemblance   Mommy   or   Daddy

Name Suggestion _____

Advice for Parents

_____

_____

Wishes for Baby

_____

_____

Guest

Address _____

My Predictions

Date of Birth _____   Time of Birth _____

Weight _____ Lbs _____ Oz   Length _____ Inches

Eye Color _____   Hair Color _____

Resemblance   Mommy   or   Daddy

Name Suggestion _____

Advice for Parents

_____

_____

Wishes for Baby

_____

_____

Guest

_____

Address _____

My Predictions

Date of Birth _____ Time of Birth _____

Weight _____ Lbs _____ Oz Length _____ Inches

Eye Color _____ Hair Color _____

Resemblance   Mommy or Daddy

Name Suggestion _____

Advice for Parents

_____

_____

Wishes for Baby

_____

_____

Guest

Address _____

My Predictions

Date of Birth _____ Time of Birth _____

Weight _____ Lbs _____ Oz Length _____ Inches

Eye Color _____ Hair Color _____

Resemblance   Mommy   or   Daddy

Name Suggestion _____

Advice for Parents

_____

_____

Wishes for Baby

_____

_____

Guest

Address _____

My Predictions

Date of Birth _____   Time of Birth _____

Weight _____ Lbs . ___ Oz   Length _____ Inches

Eye Color _____   Hair Color _____

Resemblance   Mommy or Daddy

Name Suggestion _____

Advice for Parents

_____

_____

Wishes for Baby

_____

_____

Guest

Address _____

My Predictions

Date of Birth _____   Time of Birth _____

Weight _____ Lbs _____ Oz   Length _____ Inches

Eye Color _____   Hair Color _____

Resemblance Mommy or Daddy

Name Suggestion _____

Advice for Parents

_____

_____

Wishes for Baby

_____

_____

Guest

Address _____

My Predictions

Date of Birth _____   Time of Birth _____

Weight _____ Lbs _____ Oz   Length _____ Inches

Eye Color _____   Hair Color _____

Resemblance   Mommy   or   Daddy

Name Suggestion _____

Advice for Parents

_____

_____

Wishes for Baby

_____

_____

Guest

Address _____

My Predictions

Date of Birth _____   Time of Birth _____

Weight _____ Lbs _____ Oz   Length _____ Inches

Eye Color _____   Hair Color _____

Resemblance   Mommy   or   Daddy

Name Suggestion _____

Advice for Parents

_____

_____

Wishes for Baby

_____

_____

Guest

Address _____

My Predictions

Date of Birth _____   Time of Birth _____

Weight _____ Lbs _____ Oz   Length _____ Inches

Eye Color _____   Hair Color _____

Resemblance   Mommy   or   Daddy

Name Suggestion _____

Advice for Parents

_____

_____

Wishes for Baby

_____

_____

Guest

Address _____

My Predictions

Date of Birth _____   Time of Birth _____

Weight _____ Lbs _____ Oz   Length _____ Inches

Eye Color _____   Hair Color _____

Resemblance   Mommy or Daddy

Name Suggestion _____

Advice for Parents

_____

_____

Wishes for Baby

_____

_____

Photos

Gifts

Gift	Given By	Thank you note sent

Gifts

Gift	Given By	Thank you note sent

Gifts

Gift	Given By	Thank you note sent

Gifts

Gift	Given By	Thank you note sent

Gifts

Gift	Given By	Thank you note sent

Gifts

Gift	Given By	Thank you note sent

Gifts

Gift	Given By	Thank you note sent

Gifts

Gift	Given By	Thank you note sent

Gifts

Gift	Given By	Thank you note sent
_____	_____	_____
_____	_____	_____
_____	_____	_____
_____	_____	_____
_____	_____	_____
_____	_____	_____
_____	_____	_____
_____	_____	_____
_____	_____	_____
_____	_____	_____
_____	_____	_____
_____	_____	_____

Gifts

Gift	Given By	Thank you note sent

Made in the USA
Las Vegas, NV
29 March 2021